AF494912

PAPA FRANCISCO

Antiquum ministerium

*Carta Apostólica
en forma de «Motu Proprio»
con la que se instituye el
Ministerio de Catequista*

LIBRERIA
EDITRICE
VATICANA

© Copyright 2021 - Libreria Editrice Vaticana
00120 Città del Vaticano
Tel. 06.698.45780
E-mail: commerciale.lev@spc.va

ISBN 978-88-266-0631-6

www.vatican.va

www.libreriaeditricevaticana.va

1. El ministerio de Catequista en la Iglesia es muy antiguo. Entre los teólogos es opinión común que los primeros ejemplos se encuentran ya en los escritos del Nuevo Testamento. El servicio de la enseñanza encuentra su primera forma germinal en los "maestros", a los que el Apóstol hace referencia al escribir a la comunidad de Corinto: «Dios dispuso a cada uno en la Iglesia así: en primer lugar están los apóstoles; en segundo lugar, los profetas, y en tercer lugar, los maestros; enseguida vienen los que tienen el poder de hacer milagros, luego los carismas de curación de enfermedades, de asistencia a los necesitados, de gobierno y de hablar un lenguaje misterioso. ¿Acaso son todos apóstoles?, ¿o todos profetas?, ¿o todos maestros?, ¿o todos pueden hacer milagros?, ¿o tienen todos el carisma de curar enfermedades?, ¿o hablan todos un lenguaje misterioso?, ¿o todos interpretan esos lenguajes? Prefieran los carismas

más valiosos. Es más, les quiero mostrar un carisma excepcional» (*1 Co* 12,28-31).

El mismo Lucas al comienzo de su Evangelio afirma: «También yo, ilustre Teófilo, investigué todo con cuidado desde sus orígenes y me pareció bien escribirte este relato ordenado, para que conozcas la solidez de las enseñanzas en que fuiste instruido» (1,3-4). El evangelista parece ser muy consciente de que con sus escritos está proporcionando una forma específica de enseñanza que permite dar solidez y fuerza a cuantos ya han recibido el Bautismo. El apóstol Pablo vuelve a tratar el tema cuando recomienda a los Gálatas: «El que recibe instrucción en la Palabra comparta todos los bienes con su catequista» (6,6). El texto, como se constata, añade una peculiaridad fundamental: la comunión de vida como una característica de la fecundidad de la verdadera catequesis recibida.

2. Desde sus orígenes, la comunidad cristiana ha experimentado una amplia forma de ministerialidad que se ha concretado en el servicio de hombres y mujeres que, obedientes a la acción del Espíritu Santo, han dedicado su vida a la edificación de la Iglesia. Los carismas, que el Espíritu nunca ha de-

jado de infundir en los bautizados, encontraron en algunos momentos una forma visible y tangible de servicio directo a la comunidad cristiana en múltiples expresiones, hasta el punto de ser reconocidos como una diaconía indispensable para la comunidad. El apóstol Pablo se hace intérprete autorizado de esto cuando atestigua: «Existen diversos carismas, pero el Espíritu es el mismo. Existen diversos servicios, pero el Señor es el mismo. Existen diversas funciones, pero es el mismo Dios quien obra todo en todos. A cada uno, Dios le concede la manifestación del Espíritu en beneficio de todos. A uno, por medio del Espíritu, Dios le concede hablar con sabiduría, y a otro, según el mismo Espíritu, hablar con inteligencia. A uno, Dios le concede, por el mismo Espíritu, la fe, y a otro, por el único Espíritu, el carisma de sanar enfermedades. Y a otros hacer milagros, o la profecía, o el discernimiento de espíritus, o hablar un lenguaje misterioso, o interpretar esos lenguajes. Todo esto lo realiza el mismo y único Espíritu, quien distribuye a cada uno sus dones como él quiere» (*1 Co* 12,4-11).

Por lo tanto, dentro de la gran tradición carismática del Nuevo Testamento, es posible reconocer la presencia activa de bautizados que ejercieron el ministerio de transmitir de forma más orgánica, permanente y vinculada a las diferentes circunstancias de la vida, la enseñanza de los apóstoles y los evangelistas (cf. CONC. ECUM. VAT. II, Const. dogm. *Dei Verbum*, 8). La Iglesia ha querido reconocer este servicio como una expresión concreta del carisma personal que ha favorecido grandemente el ejercicio de su misión evangelizadora. Una mirada a la vida de las primeras comunidades cristianas que se comprometieron en la difusión y el desarrollo del Evangelio, también hoy insta a la Iglesia a comprender cuáles puedan ser las nuevas expresiones con las que continúe siendo fiel a la Palabra del Señor para hacer llegar su Evangelio a toda criatura.

3. Toda la historia de la evangelización de estos dos milenios muestra con gran evidencia lo eficaz que ha sido la misión de los catequistas. Obispos, sacerdotes y diáconos, junto con tantos consagrados, hombres y mujeres, dedicaron su vida a la enseñanza catequética a fin de que la fe fuese un apoyo válido para la existencia personal de cada ser humano. Algunos, además, reunieron en torno a sí a otros hermanos y hermanas que, compartiendo el mismo carisma, constituyeron Órdenes religiosas

dedicadas completamente al servicio de la catequesis.

No se puede olvidar a los innumerables laicos y laicas que han participado directamente en la difusión del Evangelio a través de la enseñanza catequística. Hombres y mujeres animados por una gran fe y auténticos testigos de santidad que, en algunos casos, fueron además fundadores de Iglesias y llegaron incluso a dar su vida. También en nuestros días, muchos catequistas capaces y constantes están al frente de comunidades en diversas regiones y desempeñan una misión insustituible en la transmisión y profundización de la fe. La larga lista de beatos, santos y mártires catequistas ha marcado la misión de la Iglesia, que merece ser conocida porque constituye una fuente fecunda no sólo para la catequesis, sino para toda la historia de la espiritualidad cristiana.

4. A partir del Concilio Ecuménico Vaticano II, la Iglesia ha percibido con renovada conciencia la importancia del compromiso del laicado en la obra de la evangelización. Los Padres conciliares subrayaron repetidamente cuán necesaria es la implicación directa de los fieles laicos, según las diversas formas

en que puede expresarse su carisma, para la *"plantatio Ecclesiae"* y el desarrollo de la comunidad cristiana. «Digna de alabanza es también esa legión tan benemérita de la obra de las misiones entre los gentiles, es decir, los catequistas, hombres y mujeres, que llenos de espíritu apostólico, prestan con grandes sacrificios una ayuda singular y enteramente necesaria para la propagación de la fe y de la Iglesia. En nuestros días, el oficio de los Catequistas tiene una importancia extraordinaria porque resultan escasos los clérigos para evangelizar tantas multitudes y para ejercer el ministerio pastoral» (Conc. Ecum. Vat. II, Decr. *Ad gentes*, 17).

Junto a la rica enseñanza conciliar, es necesario referirse al constante interés de los Sumos Pontífices, del Sínodo de los Obispos, de las Conferencias Episcopales y de los distintos Pastores que en el transcurso de estas décadas han impulsado una notable renovación de la catequesis. El *Catecismo de la Iglesia Católica*, la Exhortación apostólica *Catechesi tradendae*, el *Directorio Catequístico General*, el *Directorio General para la Catequesis*, el reciente *Directorio para la Catequesis*, así como tantos *Catecismos* nacionales, regionales y diocesanos, son expresión del valor central de la obra catequística que pone en primer plano la instrucción y la formación permanente de los creyentes.

5. Sin ningún menoscabo a la misión propia del Obispo, que es la de ser el primer catequista en su Diócesis junto al presbiterio, con el que comparte la misma cura pastoral, y a la particular responsabilidad de los padres respecto a la formación cristiana de sus hijos (cf. CIC c. 774 §2; CCEO c. 618), es necesario reconocer la presencia de laicos y laicas que, en virtud del propio bautismo, se sienten llamados a colaborar en el servicio de la catequesis (cf. CIC c. 225; CCEO cc. 401. 406). En nuestros días, esta presencia es aún más urgente debido a la renovada conciencia de la evangelización en el mundo contemporáneo (cf. Exhort. ap. *Evangelii gaudium*, 163-168), y a la imposición de una cultura globalizada (cf. Carta enc. *Fratelli tutti*, 100. 138), que reclama un auténtico encuentro con las jóvenes generaciones, sin olvidar la exigencia de metodologías e instrumentos creativos que hagan coherente el anuncio del Evangelio con la transformación misionera que la Iglesia ha emprendido. Fidelidad al pasado y responsabilidad por el presente son las condicio-

nes indispensables para que la Iglesia pueda llevar a cabo su misión en el mundo.

Despertar el entusiasmo personal de cada bautizado y reavivar la conciencia de estar llamado a realizar la propia misión en la comunidad, requiere escuchar la voz del Espíritu que nunca deja de estar presente de manera fecunda (cf. CIC c. 774 §1; CCEO c. 617). El Espíritu llama también hoy a hombres y mujeres para que salgan al encuentro de todos los que esperan conocer la belleza, la bondad y la verdad de la fe cristiana. Es tarea de los Pastores apoyar este itinerario y enriquecer la vida de la comunidad cristiana con el reconocimiento de ministerios laicales capaces de contribuir a la transformación de la sociedad mediante «la penetración de los valores cristianos en el mundo social, político y económico» (*Evangelii gaudium*, 102).

6. El apostolado laical posee un valor secular indiscutible, que pide «tratar de obtener el reino de Dios gestionando los asuntos temporales y ordenándolos según Dios» (CONC. ECUM. VAT. II, Const. dogm. *Lumen gentium*, 31). Su vida cotidiana está entrelazada con vínculos y relaciones familiares y sociales que permiten verificar hasta qué punto «están

especialmente llamados a hacer presente y operante a la Iglesia en aquellos lugares y circunstancias en que sólo puede llegar a ser sal de la tierra a través de ellos» (*Lumen gentium*, 33). Sin embargo, es bueno recordar que además de este apostolado «los laicos también pueden ser llamados de diversos modos a una colaboración más inmediata con el apostolado de la Jerarquía, al igual que aquellos hombres y mujeres que ayudaban al apóstol Pablo en la evangelización, trabajando mucho por el Señor» (*Lumen gentium*, 33).

La particular función desempeñada por el Catequista, en todo caso, se especifica dentro de otros servicios presentes en la comunidad cristiana. El Catequista, en efecto, está llamado en primer lugar a manifestar su competencia en el servicio pastoral de la transmisión de la fe, que se desarrolla en sus diversas etapas: desde el primer anuncio que introduce al *kerygma*, pasando por la enseñanza que hace tomar conciencia de la nueva vida en Cristo y prepara en particular a los sacramentos de la iniciación cristiana, hasta la formación permanente que permite a cada bautizado estar siempre dispuesto a «dar respuesta a todo el que les pida dar razón de su esperanza» (*1 P* 3,15). El Catequista es al mismo tiempo testigo de la fe, maestro y mistagogo, acompañante y pedagogo que enseña en nombre de la Iglesia. Una identidad que sólo puede desarrollarse con coherencia y responsabilidad mediante la oración, el estudio y la participación directa en la vida de la comunidad (cf. Pontificio Consejo para la Promoción de la Nueva Evangelización, *Directorio para la Catequesis*, 113).

7. Con clarividencia, san Pablo VI promulgó la Carta apostólica *Ministeria quaedam* con la intención no sólo de adaptar los ministerios de Lector y de Acólito al nuevo momento histórico (cf. Carta ap. *Spiritus Domini*), sino también para instar a las Conferencias Episcopales a ser promotoras de otros ministerios, incluido el de Catequista: «Además de los ministerios comunes a toda la Iglesia Latina, nada impide que las Conferencias Episcopales pidan a la Sede Apostólica la institución de otros que por razones particulares crean necesarios o muy útiles en la propia región. Entre estos están, por ejemplo, el oficio de *Ostiario*, de *Exorcista* y de *Catequista*». La misma apremiante invitación reapareció en la Exhortación apostólica *Evangelii nuntiandi* cuando, pidiendo saber leer las exigencias actuales

de la comunidad cristiana en fiel continuidad con los orígenes, exhortaba a encontrar nuevas formas ministeriales para una pastoral renovada: «Tales ministerios, nuevos en apariencia pero muy vinculados a experiencias vividas por la Iglesia a lo largo de su existencia —por ejemplo, el de catequista [...]—, son preciosos para la implantación, la vida y el crecimiento de la Iglesia y para su capacidad de irradiarse en torno a ella y hacia los que están lejos» (SAN PABLO VI, Exhort. ap. *Evangelii nuntiandi*, 73).

No se puede negar, por tanto, que «ha crecido la conciencia de la identidad y la misión del laico en la Iglesia. Se cuenta con un numeroso laicado, aunque no suficiente, con arraigado sentido de comunidad y una gran fidelidad en el compromiso de la caridad, la catequesis, la celebración de la fe» (*Evangelii gaudium*, 102). De ello se deduce que recibir un ministerio laical como el de Catequista da mayor énfasis al compromiso misionero propio de cada bautizado, que en todo caso debe llevarse a cabo de forma plenamente secular sin caer en ninguna expresión de clericalización.

8. Este ministerio posee un fuerte valor vocacional que requiere el debido discernimiento por

parte del Obispo y que se evidencia con el Rito de Institución. En efecto, éste es un servicio estable que se presta a la Iglesia local según las necesidades pastorales identificadas por el Ordinario del lugar, pero realizado de manera laical como lo exige la naturaleza misma del ministerio. Es conveniente que al ministerio instituido de Catequista sean llamados hombres y mujeres de profunda fe y madurez humana, que participen activamente en la vida de la comunidad cristiana, que puedan ser acogedores, generosos y vivan en comunión fraterna, que reciban la debida formación bíblica, teológica, pastoral y pedagógica para ser comunicadores atentos de la verdad de la fe, y que hayan adquirido ya una experiencia previa de catequesis (cf. Conc. Ecum. Vat. II, Decr. *Christus Dominus*, 14; CIC c. 231 §1; CCEO c. 409 §1). Se requiere que sean fieles colaboradores de los sacerdotes y los diáconos, dispuestos a ejercer el ministerio donde sea necesario, y animados por un verdadero entusiasmo apostólico.

En consecuencia, después de haber ponderado cada aspecto, en virtud de la autoridad apostólica

instituyo
el ministerio laical de Catequista

La Congregación para el Culto Divino y la Disciplina de los Sacramentos se encargará en breve de publicar el Rito de Institución del ministerio laical de Catequista.

9. Invito, pues, a las Conferencias Episcopales a hacer efectivo el ministerio de Catequista, estableciendo el necesario *itinerario* de formación y los criterios normativos para acceder a él, encontrando las formas más coherentes para el servicio que ellos estarán llamados a realizar en conformidad con lo expresado en esta Carta apostólica.

10. Los Sínodos de las Iglesias Orientales o las Asambleas de los Jerarcas podrán acoger lo aquí establecido para sus respectivas Iglesias *sui iuris*, en base al propio derecho particular.

11. Los Pastores no dejen de hacer propia la exhortación de los Padres conciliares cuando recordaban: «Saben que no han sido instituidos por Cristo para asumir por sí solos toda la misión salvífica de la

Iglesia en el mundo, sino que su eminente función consiste en apacentar a los fieles y reconocer sus servicios y carismas de tal suerte que todos, a su modo, cooperen unánimemente en la obra común» (*Lumen gentium*, 30). Que el discernimiento de los dones que el Espíritu Santo nunca deja de conceder a su Iglesia sea para ellos el apoyo necesario a fin de hacer efectivo el ministerio de Catequista para el crecimiento de la propia comunidad.

Lo establecido con esta Carta apostólica en forma de "Motu Proprio", ordeno que tenga vigencia de manera firme y estable, no obstante cualquier disposición contraria, aunque sea digna de particular mención, y que sea promulgada mediante su publicación en *L'Osservatore Romano*, entrando en vigor el mismo día, y sucesivamente se publique en el comentario oficial de las *Acta Apostolicae Sedis*.

Dado en Roma, junto a San Juan de Letrán, el día 10 de mayo del año 2021, Memoria litúrgica de san Juan de Ávila, presbítero y doctor de la Iglesia, noveno de mi pontificado.

Francisco